BEI GRIN MACHT SICH IHR WISSEN BEZAHLT

- Wir veröffentlichen Ihre Hausarbeit,
  Bachelor- und Masterarbeit

- Ihr eigenes eBook und Buch -
  weltweit in allen wichtigen Shops

- Verdienen Sie an jedem Verkauf

Jetzt bei www.GRIN.com hochladen und kostenlos publizieren

Jonas Ebner

Gehört die NPD verboten?

Eine ethische Diskussion und Urteilsfällung

GRIN Verlag

Bibliografische Information der Deutschen Nationalbibliothek:

Die Deutsche Bibliothek verzeichnet diese Publikation in der Deutschen National-
bibliografie; detaillierte bibliografische Daten sind im Internet über http://dnb.d-
nb.de/ abrufbar.

Dieses Werk sowie alle darin enthaltenen einzelnen Beiträge und Abbildungen
sind urheberrechtlich geschützt. Jede Verwertung, die nicht ausdrücklich vom
Urheberrechtsschutz zugelassen ist, bedarf der vorherigen Zustimmung des Verla-
ges. Das gilt insbesondere für Vervielfältigungen, Bearbeitungen, Übersetzungen,
Mikroverfilmungen, Auswertungen durch Datenbanken und für die Einspeicherung
und Verarbeitung in elektronische Systeme. Alle Rechte, auch die des auszugsweisen
Nachdrucks, der fotomechanischen Wiedergabe (einschließlich Mikrokopie) sowie
der Auswertung durch Datenbanken oder ähnliche Einrichtungen, vorbehalten.

Impressum:

Copyright © 2012 GRIN Verlag GmbH
Druck und Bindung: Books on Demand GmbH, Norderstedt Germany
ISBN: 978-3-656-51656-9

Dieses Buch bei GRIN:

http://www.grin.com/de/e-book/230117/gehoert-die-npd-verboten

GRIN - Your knowledge has value

Der GRIN Verlag publiziert seit 1998 wissenschaftliche Arbeiten von Studenten, Hochschullehrern und anderen Akademikern als eBook und gedrucktes Buch. Die Verlagswebsite www.grin.com ist die ideale Plattform zur Veröffentlichung von Hausarbeiten, Abschlussarbeiten, wissenschaftlichen Aufsätzen, Dissertationen und Fachbüchern.

Besuchen Sie uns im Internet:

http://www.grin.com/

http://www.facebook.com/grincom

http://www.twitter.com/grin_com

Ethische Diskussion und
Urteilsfällung zum Thema:

Gehört die
NPD verboten?

Von Jonas Ebner

edition.wissen²

1 Es ist eine Grundsatzfrage ohne ihresgleichen: Sollten Politiker, genauer: vom Volk gewählte und legitimierte Vertreter der Bundesrepublik Deutschland ein Verbotsverfahren initiieren, dass eben jenes Verbot einer sich selbst als demokratisch bezeichnenden Partei zur Folge haben könnte? Wäre jenes Verbot – so es zustande käme – ein Verstoß gegen Art. 38 GG[1], der das „allgemeine, unmittelbare, freie, gleiche und geheime" Wahlrecht eines jeden Bundesbürgers, das auch dazu berechtigt, nationalistische[2] Parteien zu wählen.

Oder ist es genau invers, ist das Recht auf der Seite derjenigen, die ein Verbot fordern? In Art. 3 GG heißt es, niemand dürfe wegen „seines Geschlechtes, seiner Abstammung, seiner Rasse, seiner Sprache, seiner Heimat und Her-

>> Die NPD ist eine nationalistische, selbsterklärend verfassungsfeindliche und rassistische Partei. <<

Bayrisches Innenministerium

kunft, seines Glaubens, seiner religiösen oder politischen Anschauungen benachteiligt (…) werden." Im vormaligen Grundsatzprogramm der Partei[3], das 2010 durch ein neues ersetzt wurde, heißt es, die Würde des Menschen sei nicht, wie

>> Der 8. Mai 1945 war kein Tag der Befreiung, sondern der Niederlage und Besetzung unseres Landes, und er ist daher kein Anlass für Feiern. <<

NPD Grundsatzprogramm

in Art. 1 GG festgeschrieben, unantastbar, sondern an die Nationalität, bzw. Herkunft eines Menschen gebunden („Volkstum und Kultur sind die Grundlagen für die Würde des Menschen"[4]).

---

[1] Grundgesetz
[2] Bezeichnung des bayrischen Innenministeriums

[3] Parteiprogramm der NPD vom Jahr 1996
[4] Zitat aus vormaligem Grundsatzprogramm der NPD

Jene Passage wurde in der nun geltenden Fassung[5] des Programms entfernt, dafür finden sich andere, ähnliche Aussagen.

Die vorhandenen Handlungsoptionen sind schnell erläutert: Es kann, wie einst 2001, ein NPD-Verbotsverfahren durch die Regierungskoalition (das Kabinett), den Bundestag, den Bundesrat, einzelner oder mehrerer Bundesländer beim Bundesverfassungsgericht[6] beantragt werden, oder eben nicht. Fest steht: Ist der ernsthafte Wille des Antragstellers eines solchen Verbotsverfahrens vorhanden, sollte der Erfolg jenes gewährleistet sein, und nicht – wie im vormaligen Verfahren – nur teilweise prophezeit sein. Dies würde nachhaltig den geforderten Ernst der Situation beschädigen.

> >> Ich bin für ein NPD-Verbot und auch dafür, dass wir das Verfahren nun einleiten. <<
>
> Olaf Scholz, Bürgermeister von Hamburg, SPD

Ist es ethisch vertretbar, dass freie Bürger der demokratischen Bundesrepublik, genauer ausgedrückt: diejenigen Menschen, die NPD-Wähler sind, in ihrem Recht auf die freie Wahl (auch einer extremen politischen Partei) in derlei Hinsicht eingeschränkt, bzw. übergangen, ja: vom Staat im Sinne eines Gerichtes,

> Die Gegnerschaft der NPD und ihrer Anhänger zu den wesentlichen Verfassungsprinzipien ist nicht bloß Bestandteil eines theoretisch abstrakten Meinungsstreites, sondern findet ihren Ausdruck in der aktiven Bekämpfung der Verfassungsordnung. Die NPD verfolgt ihre Ziele in einer Weise, die über eine originäre Rolle als Wahlpartei in einem demokratischen Repräsentativsystem weit hinaus reicht. Es geht ihr nicht um Reformen, wie sie für das politische Leben üblich und notwendig sind, sondern sie verfolgt planvoll und kontinuierlich die Beseitigung der freiheitlichen demokratischen Grundordnung. Dies betrifft insbesondere ihr Verhältnis zur Gewalt.
>
> Innensenatoren versch. Bundesländer, Dokumentation 2009

---

[5] Jahr 2012/2013
[6] BVerfG

des Bundesverfassungsgerichts im Falle eines Verbots der NPD bevormundet werden, ihre Stimme bei kommenden Wahlen nicht mehr der Partei geben zu können, die sie aus ihrer freien, gewissensgrundlegenden, die politischen Weltanschauung der betroffen berücksichtigenden Wahl gewählt hätten?

Kann höheres Ziel eines Staates sein, die Bevölkerung, genauer: diejenigen, die durch die Radikalität einer politisch verfassungsfeindlichen Partei[7], wie die NPD es ist, bedrohten, durch die Programmatik

> > Bayern möchte dem Treiben der NPD nicht zusehen, bis sich diese Verfassungsfeinde in der Republik etabliert haben. < <
>
> Joachim Herrmann, Bayrischer Innenminister, CSU

und getane Praxis der Parteiangehörigen, bzw. –sympathisanten (oder anderen, der Partei entsprechenden Weltanschauung) gefährdeten oder geächteten Personen zu schützen und die demokratische Grundordnung, die durch eine von

der Partei ausgehenden Bedrohung[8], weil gewollten und geplanten Veränderung, bzw. Veränderung bis hin zur völligen Beseitigung, gefährdet ist, dahingehend zu schützen, dass die Partei die erwähnten Ziele nicht durchsetzen kann?

> > Freiheitliche demokratische Grundordnung im Sinne des Art. 21 II GG ist eine Ordnung, die unter Ausschluss jeglicher Gewalt und Willkürherrschaft eine rechtsstaatliche Herrschaftsordnung auf der Grundlage der Selbstbestimmung des Volkes nach dem Willen der jeweiligen Mehrheit und der Freiheit und Gleichheit darstellt. < <
>
> BVerfG 1952 in der Urteilsbegründung z. Verbot d. SRP

Um die Handlungsoptionen deutlicher vor Augen zu führen, werde ich nun beide Szenarien – das des erfolgreichen NPD-Verbotes sowie das ohne NPD-Verbot – erläutern.

---

[7] Bayrisches Innenministerium

[8] Innensenatoren einiger Bundesländer in einem 2009 erschienenen Beitrag

Szenario No. 1: Das BVerfG sieht in dem durch die Bundesregierung, den Bundestag und Bundesrat gemeinsam eingereichten und von einigen Bundesländern unterstützten Antrag auf ein NPD-Verbot wegen des Verdachtes auf Verfassungsfeindlichkeit der Partei[9] einen gerechtfertigten Antrag und prüft die Verhältnisse. Gleichzeitig werden durch die Behörden zum Schut-

> >> Unrecht kann niemals die Grundlage eines dauerhaften Friedens zwischen Völkern sein. Die NPD bestreitet die Rechtmäßigkeit der durch die Alliierten erzwungenen Grenzanerkennungsverträge. <<
>
> NPD Grundsatzprogramm

ze der Verfassung die sogenannten „V-Männer"[10] aus der NPD abgezogen. Das BVerfG kommt nach intensiver Prüfung zum Schluss, – auch, weil diejenigen „V-Männer", die im vormaligen Verbotsverfahren 2001

zur Urteilsfällung gegen ein NPD-Verbot geführt hatten, und in dem nicht an der Radikalität und Verfassungsfeindlichkeit[11] der Partei gezweifelt wurde – dass ein NPD-Verbot auf Basis der selbsterklärenden Radikalität und (durch das BVerfG erneut bescheinigten) Verfassungsfeindlichkeit[12] dem Verbotsantrag gemäß Art. 21 Abs. 2 GG[13], Art. 9 Abs. 2 GG[14] sowie § 3 Abs. 1-5 VereinsG[15] stattgegeben werden muss und verbietet die NPD mit sofortiger Wirkung.

Folge wäre, dass die NPD ab sofort keine deutschen Steuergelder mehr kassieren würde, derzeit erhält die NPD – den Wählerstimmen entsprechend[16] – mehr als 1 Mio. Euro jährlich staatliche Parteienfinanzierung. Sie macht knapp 45 % der Gesamteinnahmen der NPD aus[17]. Die (fortwährend nicht mehr existierende) Partei würde kein Geld mehr bekommen, ihre – im Untergrund, eventuell unter anderem

[9] Antrag auf Feststellung der Verfassungsfeindlichkeit der Nationaldemokratischen Partei Deutschlands (NPD
[10] gemeint sind die vom Verfassungsschutz in NPD-Führungspositionen eingesetzten Personen, die dem Verfassungsschutz über aktuelle Ereignisse und Verhältnisse innerhalb der NPD Bericht erstatten

[11] Bayrisches Innenministerium
[12] siehe 9
[13] Verfassungswidrigkeit jener Parteien, die die freiheitlich demokratische Grundordnung gefährden
[14] Verbot eines Vereines, hier: einer polit. Partei
[15] siehe 12
[16] Nach der Vereinigung von DVU und NPD (Beginnend ab 2004) stieg die staatl. Finanzierung für die neue Partei stark an
[17] Zahlen sind dem Finanzbericht der NPD 2005 entnommen und z.T. hochgerechnet

Namen weitere Existenz mit gleichem Personal – finanzielle Zukunft wäre massiv eingeschränkt. Jegliche Aktivitäten müssten mangels Finanzierungsmöglichkeiten eingeschränkt, vielleicht vollständig beendet werden.

Szenario No. 2: Die seit 1990 tendenziell ansteigenden Ergebnisse der NPD bei Bundestagswahlen (siehe Grafik / Quelle: siehe [18]) würde – gerade nach der Vereinigung der Parteien NPD und DVU

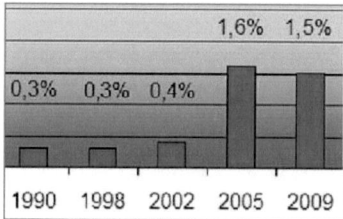

weiter fortschreiten, so es kein NPD-Verbot geben würde. Die staatliche Parteienfinanzierung, die spätestens seit dem Jahr 2002 kontinuierlich (im Zusammenhang mit den Wählerstimmen) anwächst[19], würde weiterhin steigen. Eine Radikalisierung der Partei, gerade im Zusammenhang mit der Euro-Krise und Unterstützung anderer EU-Staaten mit deutschem Steuergeld, wäre nicht ausgeschlossen. Die NPD

würde weiter auf der Schiene des Erfolges fahren.

Nun möchte ich mehr zu den ethischen Gesichtspunkten eines möglichen NPD-Verbotes, auch im Betrachtungspunkt eventueller künftiger Verbotsverfahren gegen rechtsextreme politische Parteien, übergehen:

>> Parteien, die nach ihren Zielen oder nach dem Verhalten ihrer Anhänger darauf ausgehen, die freiheitliche demokratische Grundordnung zu beeinträchtigen oder zu beseitigen oder den Bestand der Bundesrepublik Deutschland zu gefährden, sind verfassungswidrig. Über die Frage der Verfassungswidrigkeit entscheidet das Bundesverfassungsgericht. <<

Art. 22 Abs. 2 des Grundgesetzes der Bundesrepublik Deutschland

---

[18] Quelle: DerSalamander (unter CC-Lizenz)
[19] Zahlen den NPD-Finanzberichten entnommen

Die NPD hat 5900 Mitglieder[20], von denen 1500[21] weiblich sind. 5900 Mitglieder bundesweit, das bedeutet, 0,00686 Prozent aller Deutschen sind Mitglied der NPD. Bei der vergangenen Bundestagswahl votierten 635.525 Menschen für die NPD. Das sind 0,738983 Prozent aller Bundesbürger, die NPD-Mitglieder – die sicher ihre eigene Partei wählten – schon inbegriffen.

> >> Deutschland muss das Land der Deutschen bleiben und muss es dort, wo dies nicht mehr der Fall ist, wieder werden. Grundsätzlich darf es für Fremde in Deutschland kein Bleiberecht geben, sondern nur eine Rückkehrpflicht in ihre Heimat. <<
>
> NPD Grundsatzprogramm

Das bedeutet: einundachtzigmillionenzweihundertdreiundzwanzigtausendvierhundertfünfundsiebzig Menschen – Bundesbürger „wie Du und ich" – subventionieren durch eingezogene Steuergelder eine Partei, die nur von einem winzigen Bruchteil der Gesamtbevölkerung, nicht einmal mehr 1 Prozent, gewählt wird. Zum Vergleich: Alleine auf Facebook[22] haben 1,1 Millionen Menschen mit einem Klick ihren Protest gegenüber Nazis deutlich gemacht – und dabei sind nur die ersten fünf von unzählbar vielen Gruppen mit eingerechnet.

Es wird deutlich: Eine große Gruppe an Menschen zeigt ihren Protest gegen die NPD deutlich – und öffentlich. Dem gegenüber steht eine kleine, eine winzig kleine Gruppe von Menschen, die mit Steuergeldern nicht nur national, sondern auch international – was das Bild der Deutschen im weiten Raum nicht verbessert – ihre radikalen Botschaften und öffentlichen Ausrufungen, – wie etwa Berichten vom „seit langem geplanten Vier-Fronten-Krieg gegen des Deutsche Reich, dem Hitler mit seinem Präventivschlag im Sommer 1941 zuvorkam"[23] – die, wie erläutert durch öffentliche Steuermittel finanziert werden.

---

[20] Alle Zahlen sind Informationsmaterialien u.a. des SPIEGEL und der Bundeszentrale für politische Bildung entnommen
[21] siehe 19

[22] eingetragener Firmenname der Facebook Inc.
[23] „Volk in Bewegung", Publikation von Karl Richter, NPD-Fize-Vorsitzender

Kann man diese winzige Gruppe in ihrem freien Wahlrecht beschränken, in dem man die Partei verbietet?

Ja, man kann. Denn sie, die Mitglieder der NPD, waren es, die die Würde des Menschen an seine Herkunft koppeln wollten[24], sie sind es, die nicht einmal den Willen zu einer funktionierenden Integration besitzen[25], ihre Anhänger – zumindest Personen, die das dem Grundsatzprogramm der NPD und den Äuße-

>> Das bürgerliche Lager wird in den nächsten Jahren total verarmen. Weil das gesamte Finanzgebäude dieser Judenrepublik in den nächsten zwei Jahren zusammenbrechen wird. <<

Udo Pastörs, Stellvertr. Bundesvorsitzender der NPD[29]

rungen, beispielsweise dem öffentlichen – trotz gesetzlich verbotenem und mit Geldstrafe geahndetem[26] – „Hitlergruß"[27] entsprechen-

de Gedankengut – sind es, die national und international für Aufsehen und Erschütterung und Panik sorgten, als im November 2011 bekannt geworden war, das die der NPD

>> Integration ist gleichbedeutend mit Völkermord. <<

NPD Grundsatzprogramm

nahestehende[28] Terrororganisation „Nationalsozialistischer Untergrund" (NSU) mindestens 12 Morde und Anschläge seit 2001 gegenüber Ausländern verübt hatten[29].

Besonders der Titel dieser Gruppe („Nationalsozialistische...") lässt auf eine Nähe zur Nationalsozialistischen Deutschen Arbeiterpartei (NSDAP) erkennen und auch Beiträge, Ausdrucksweisen, Kommentare und Drucksachen der NPD können ein Entstehen eines derartigen Eindrucks von scheinbar offensichtli-

---

[24] siehe 4
[25] Zitat aus NPD Grundsatzprogramm auf Seite 8
[26] in diesem Fall: 5600 Euro Geldstrafe in erster Instanz
[27] Karl Richter bei seiner Wahl zum NPD-Stadtrat von München 2008

[28] gemeint ist die personelle Verbindung von NSU-Mitgliedern zum Thüringer Heimatschutzverein 1997, der vom Vorsitzenden der NPD Thüringen, Tino Brandt, geleitet wurde
[29] Neonazi-Mordserie, Bomben-Attentat in Köln und Polizistenmord in Heilbronn
[29] Während einer Rede auf dem „Politischen Aschermittwoch" der NPD 2009 in Saarbrücken

cher programmatischer und rhetorischer Nähe zur NSDAP nicht verhindern.

Der Radikalität der Mitglieder und Funktionäre der NPD und die Gefahr, die von ihnen einerseits für Minderheiten, andererseits für die freiheitliche demokratische Grundordnung und die Verfassung der Bundesrepublik Deutschland ausgeht, steht die Meinungsfreiheit in Kombination mit dem Recht auf die freie Wahl gegenüber, die nach sorgfältiger ethischer, rechtlicher und politischer Abwägung meinerseits der drohend größer werdenden Gefahr der Partei unterliegt.

Die NPD und jede weitere, rechtsradikale, verfassungsfeindliche, Minderheiten gegenüber diskriminierende, der NSDAP in irgendeiner Art und Weise nahe stehende (in Ausdrücken, Darstellungsweisen, Inhalten, Personen, Formulierungen und Eindrücken) Partei gehört verboten.

Der Schutz des Staates, der Schutz jeder einzelnen, von einer solchen Partei bedrohten Person, der Schutz des Steuergeldes vor Verschwendung durch Propaganda durch eben solche Parteien, die jenes durch die staatliche Parteienfinanzierung erhalten, der Schutz des Bildes Deutschland – gerade bei der Vergangenheit des dritten Reiches – im Ausland und vor anderen Nationen, der Schutz der Jugend vor der Propaganda der rechten Seite und der Schutz der Verfassung der Bundesrepublik Deutschland, dem Grundgesetz – dies alles steht, ethisch, politisch, rechtlich (für mich persönlich) über dem Recht auf freie Meinungsäußerung – das, im Sinne der falschen Tatsachenbehauptung, Volksverhetzung, Erregung öffentlichen Ärgernisses, Veruntreuung von staatlichen Geldern und die Anschließende Täuschung der Öffentlichkeit, oft missbraucht oder gar überschritten, missachtet und nicht mehr als solches zu rechtfertigen ist – und dem Recht auf freie Wahlen, das von Seiten der NPD selber als nur eingeschränkt, meint: für „Deutsche", gilt.

Mein Credo lautet: Ja, man sollte – in der Rolle eines gewählten und legitimierten Volksvertreters ist man sogar ehrenhaft dazu verpflichtet – eine Partei, hier am Beispiel der NPD, verbieten. Eine Nachfolgeorganisation ist ebenfalls gemäß Art. 21 Abs. 2 GG in Verbindung mit § 13 Nr. 2, §§ 43 ff. BVerfGG zu verbieten.

Impressum:

Ebner, Jonas: Ethische Diskussion
und Urteilsfällung zum Thema: Gehört die NPD verboten?

Erstellung 2011-2013

Alle Rechte am Werk liegen beim
Verlag edition.wissen²:
edition.wissen²
#114378
Rue de la Victoire 26
BE-1060 Brüssel

Erstauflage.

Die im Werk abgedruckten Stel-
lungnahmen basieren alle auf dem
grundgesetzlich garantierten Recht
auf freie Meinungsäußerung. Alle
Ansichten sind ausschließlich solche
des Autors und spiegeln nicht un-
bedingt die Meinung des Verlags
wider.
Alle verwendeten Inhalte (bis auf
die gekennzeichneten Inhalte Drit-
ter) sind geistliches Eigentum des
Autors, bzw. Verlags. Die Verwen-
dung – auch auszugsweise – ist nur
mit schriftlicher Genehmigung des
Verlags erlaubt.

Herstellung:
GRIN Verlag GmbH
Nymphenburger Str. 86
D-80636 München

edition.wissen² is
A THE YMPERIOM
Société Company
Beteiligungs- und
Multigesellschaft
C O M P A N Y

Haben Sie Fragen oder
Anregungen?
Dann schreiben Sie unserem
Support-Partner:

picProtection
Kontakt:
picProtection@mail.de